*Cet album est une création originale
de Gulf Stream Éditeur*

Titre original : Baisers ratés de Paris
ISBN : 978-2-35488-180-1

Pour cette édition :

1 rue Spitalieri, 06000 Nice
ISBN : 979-10-91978-25-5
Dépôt légal mai 2014
Achevé d'imprimer en décembre 2013 en Italie

FIXE
HAIR
HB

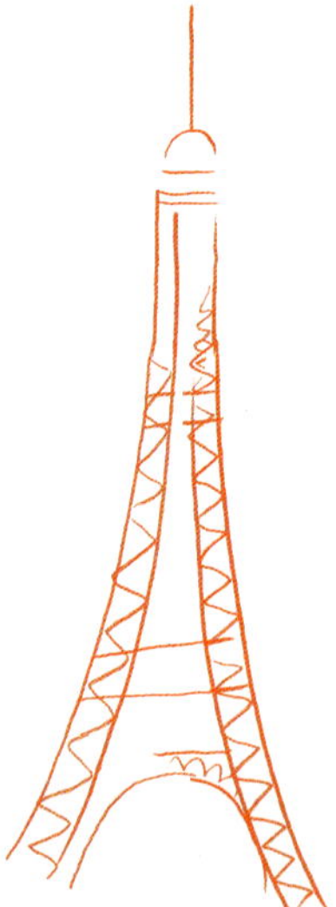

Davide Cali · Anne Rouquette

~~Bons~~ Baisers ratés de PARIS

En fait j'ai cru que tu m'avais invité à Paris
exprès pour m'embrasser…

Je pensais que tu m'aurais embrassé
dès l'aéroport *Charles-de-Gaulle*.
Mais tu ne l'as pas fait.
C'est vrai que ce n'était pas du tout
un endroit romantique.
Peut-être aurais-je dû atterrir à *Orly* ?

Quand on est sortis de l'aéroport je t'ai imaginée en train de m'embrasser dans le R.E.R. Mais là non plus ce n'était pas assez romantique comme lieu, je pense.
Je me suis dit : « Elle va sûrement m'embrasser dès qu'on sera arrivés *place de la Bastille*… »

Mais tu avais mieux à faire.

FROMAGE DE TÊTE
15€/kg
2€

J'ai pensé que tu attendais un moment vraiment spécial.
On marchait dans la *rue de Rivoli*
(où tu ne m'as pas embrassé)
en direction du *Marais*
(où tu ne m'as pas embrassé non plus)

quand j'ai compris que tu allais m'embrasser…

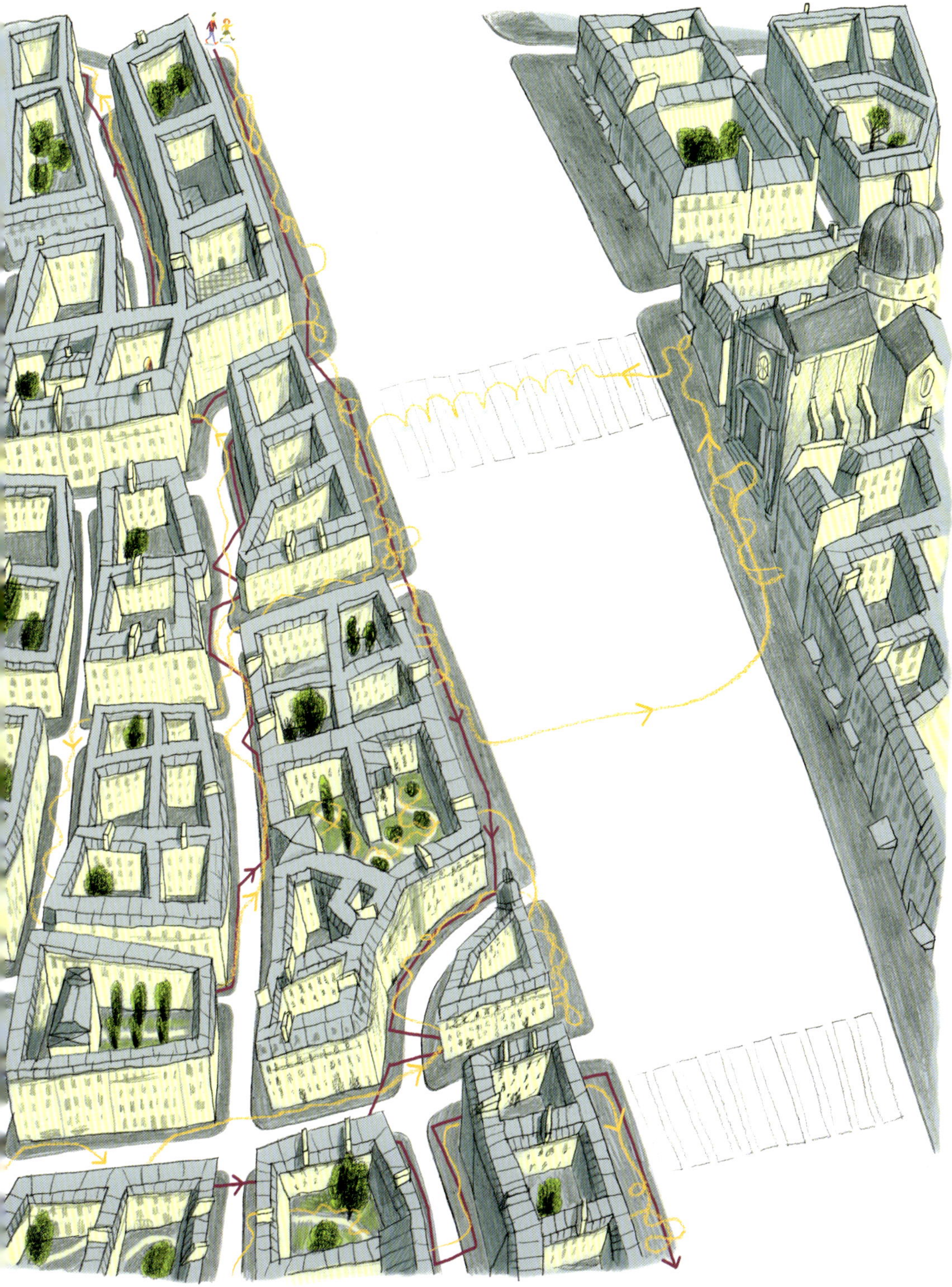

… devant *Notre-Dame*.

Peut-être derrière alors ?

En y pensant bien, c'était une idée un peu banale.
Il y avait beaucoup mieux.
Au milieu de la *place de la Concorde* ?
Aux *Champs-Élysées* ?
Sur l'esplanade du *Trocadéro* ?

Non !
À ce moment-là, c'était évident que tu visais…

* * *

La *tour Eiffel* !
On a fait la queue derrière 400 personnes et on a grimpé les 1 665 marches des escaliers – parce que tu n'aimes pas trop l'ascenseur. Mais une fois au sommet de la tour… rien.

Il y avait peut-être trop de vent ?

En tout cas il n'y avait pas de vent sous l'*Arc de triomphe* ni au *bois de Boulogne*.

Le soir, je me suis dit que tu profiterais
de la pénombre du *jardin des Tuileries*…
Ou peut-être de la lumière de la *pyramide du Louvre* ?

Non. Décidément.

Après quelques jours de balade, j'ai pensé
que tu cherchais le calme.
Rien de mieux alors que le cimetière du *Père-Lachaise*
pour être tranquilles.
Peut-être que tu aurais trouvé le bon moment
devant la tombe de Marcel Proust ?
Édith Piaf ?
Jim Morrison ?

Mais alors, tu n'aimes pas du tout les cimetières ?

Quelle drôle d'idée, finalement, de penser que tu allais
m'embrasser dans un cimetière !

FAMILLE MACHIN
LUCIEN
À Lulu
PROUST for ever
JANINE
A MON AMIE EDITH PIAF
Regretté Morrison
I love you jimmy

Donc tu cherchais davantage la foule.
On l'a trouvée dans les ruelles du *Quartier latin*,
mais tu n'as pas eu le courage de m'embrasser.
Ou peut-être que tu n'as pas aimé la cuisine grecque ?
Tu aurais préféré une brasserie ?
Ou la cuisine chinoise ?
Japonaise ?
Thaï ?
Italienne ?

AU CHALET SUISSE
Raclettes & Fondues
CRÊPERIE
chez Loïck
Thaï Thoui
PIZZA FERRARI
DEMISROUSSOS
RESTAURANT GREC
CRÊPES
• AU BEURRE SALÉ
• AU MIEL
• AUX MOULES
• AU THON
chez Loïck

On en était déjà à la moitié des vacances quand je me suis dit :
« L'amour c'est simple comme un pain au chocolat. »
Ce matin-là, quand tu as voulu t'arrêter pour en avaler un sur la route, je me suis dit : « Voilà, on y est ! C'est le moment ! »
Après j'ai pensé que si ce n'était pas avec le pain au chocolat ce serait peut-être…

Avec un thé arabe au salon de thé de la *Grande Mosquée* ?
Un hot-dog à la merguez devant le *centre Pompidou* ?
Un cappuccino *place des Vosges* ?

8
MAI
ÜLKÜ
KEBAB
PUSH

« Peut-être que c'est dans un musée qu'elle trouvera le bon moment », me suis-je dit alors.
Je suis donc entré au **musée d'Orsay** plein d'espoir.
Plein d'espoir je suis entré aussi au **musée Picasso**.
Et puis, encore plein d'espoir, je suis entré au **musée Rodin**.

Au **musée du Louvre** j'étais encore un feu d'artifice d'espoir…
Mais je dois avouer qu'en sortant du **musée Grévin** je n'en avais plus beaucoup.

Peut-être que tu n'aimes pas du tout les musées alors ?
Tu préfères une vieille *librairie* ?
Faire du *shopping* ?
Chiner au *marché aux puces* ?
Ou tout simplement te promener ?

Mais on s'est tout le temps promenés !

MAIGRIR avant l'été
ACHETEZ !!!
APPRENDRE l'English easy!
MAIGRIR avant l'été
ACHETEZ !!!
MAIGRIR avant l'été

Oh ! Mais comment n'y ai-je pas pensé ?
La réponse, c'était *Pigalle* !
Un classique.
Trop classique ?
Le *Sacré-Cœur à Montmartre* ?
Rien à faire.

Même devant la *Joconde* tu ne m'as pas embrassé.

Peut-être parce que c'était une imitation ?

J'ai tout essayé.
Les cerisiers en fleurs au *Jardin des Plantes* ;
le *Muséum d'histoire naturelle* ;
la *Cité des sciences et de l'industrie* ;
le carrousel de la *place de l'Hôtel-de-Ville* ;

Et…

Versailles !

Le dernier jour, en fin d'après-midi, sur le petit pont qui conduit de l'*île de la Cité* à l'*île Saint-Louis*, avec la lumière douce du soleil couchant, il m'a semblé que c'était le bon endroit, le bon moment…

Toujours rien.

C'est seulement quelques minutes après que l'on s'est dit au revoir que j'ai vu un bateau-mouche. Un *bateau-mouche* ! Je n'y avais pas pensé une seule seconde ! Ne me dis pas que c'était ça… Je devais te proposer un tour en bateau-mouche ? C'était ça ? C'était ça ? C'était ça !

Versailles

aéroport Charles-de-Gaulle
aéroport d'Orly

Tom'poche

mes bêtises préférées

Noé Carlain - Nicolas Duffaut
Ce que lisent les animaux avant de dormir

Tous les MONSTRES ont peur du NOIR

Le Roi qui demandait la lune
Éric Battut

LES MAMMOUTHS
LES OGRES
LES EXTRATERRESTRES
et ma petite soeur

À la recherche du Bonheur

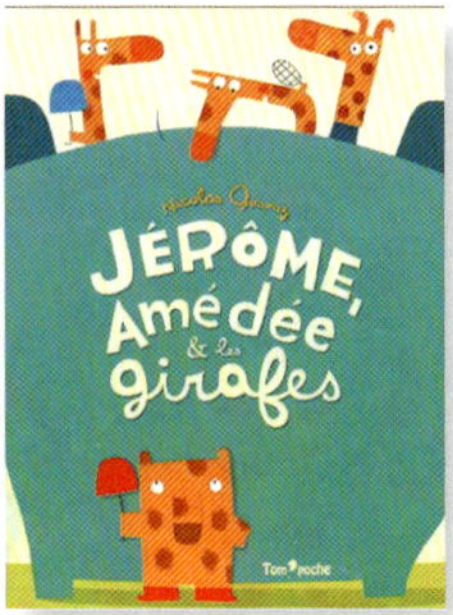
JÉRÔME, Amédée & les girafes

AU BOUT DES RAILS

Tous les animaux ne sont pas bleus

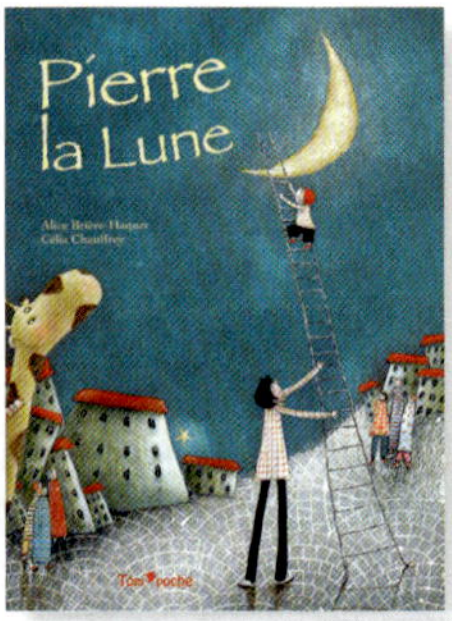
Pierre la Lune

Je serai Empereur !
Tullio Corda

Françoise Laurent
Pascal Vilcollet
LA COLÈRE D'ALBERT

MARLÈNE BALEINE

Melissa Pigois
Une vie merveilleuse

Je veux un zizi !

Les douze manteaux de maman

Myriam Picard
Jérome Peyrat
CAMILLE BOUCHON et SON COCHON